Elmar Gruber

Gott ist immer da

Über das Wunder der Barmherzigkeit

Gerne nehmen wir Ihre Anregungen, Wünsche, Kritik oder Fragen entgegen:
Don Bosco Medien GmbH, Sieboldstraße 11, 81669 München
Servicetelefon (0 89) 4 80 08-341

Bibliografische Information der Deutschen Nationalbibliothek
Die Deutsche Nationalbibliothek verzeichnet diese Publikation in der Deutschen Nationalbibliografie; detaillierte bibliografische Daten sind im Internet über http://dnb.d-nb.de abrufbar.

2. Auflage 2010 / ISBN 978-3-7698-1758-4
© 2009 Don Bosco Medien GmbH, München
Umschlag und Layout: ReclameBüro, München
Umschlagfoto: Gregor Gugala
Bildnachweis:
S. 6/7, 14/15, 25, 28/29, 38/39, 70, 76/77: Gregor Gugala
S. 18, 43, 48, 52–59, 66/67, 79, 84, 90/91: fotolia
S. 21, 33, 35, 44, 46, 51, 62, 74, 94: Elmar Gruber
Produktion: Don Bosco Druck & Design, Ensdorf

Gedruckt auf umweltfreundlichem Papier

Inhalt

Zu diesem Buch 8

Anstatt eines Vorwortes:
Persönliche Erkenntnisse und Bekenntnisse 12

Gott ist immer da 14
Wie finde ich Gott? 28
Der vergebende Gott 38
Der erfahrbare Gott 56
Gott ist nahe 66
Gott ist die Liebe 76

Anstatt eines Nachwortes:
Die Geschichte vom Wolf, der das Jesuskind fressen wollte 92

Zu diesem Buch

„Es wird wohl mein letztes Buch sein, das ich geschrieben habe – und es ist mein Vermächtnis an alle, die einen Weg zu einem Leben voll Sinn und Glück, einen Weg zu Gott suchen." Mit diesen Worten überreichte mir Freund Elmar – sichtlich gezeichnet von seiner Krankheit, doch mit tiefer innerer Bewegung – das Manuskript zum Korrekturlesen und fügt etwas kleinlaut hinzu: „Eigentlich ist es immer dasselbe, was ich schreibe: Gott ist barmherzig und gütig. Seine Liebe umfasst alle Menschen."

Elmar Gruber hat in seinem Leben Menschen der unterschiedlichsten Schichten angesprochen. Sein Tätigkeitsfeld reichte vom Kindergarten über die Aus- und Fortbildung für Lehrkräfte und Pfarrer bis hin zur Erwachsenenbildung, Gemeinde- und Telefonseelsorge. Er machte keinen Unterschied in der Konfession oder Religion; keinen wollte er ausgrenzen; jeder war ihm „gleich-gültig". Begabt mit handwerklichem Geschick gestaltete er viele symbolträchtige Kunstwerke, und in den Genuss seiner Kochkünste kam sogar der heutige Papst Benedikt XVI. Pfarrer Gruber ist einer der Gründerväter der ökumenischen Zeitschrift „Begegnung und Gespräch", die sich nicht nur an Lehrkräfte und Pfarrer wendet.

Wer Elmar Gruber in seinen Vorträgen und Gottesdiensten erlebt, seine Schriften und Meditationen liest, der weiß, dass es ihm immer darum geht, etwas von der unermesslichen Liebe Gottes weiterzugeben. Komplizierte theologische Zusammenhänge erläutert er in einleuchtender und verständlicher Weise durch die Verwendung von aussagekräftigen Symbolen und tiefgründigen Bildern. Das Schwierige wird fassbar und begreifbar. Er, der selbst so viele Höhen und Tiefen seines Lebens gemeistert hat, der so vielen Menschen in ihren Lebenskrisen Begleiter und Helfer war und jetzt wohl in der letzten und schwersten Phase seines Lebens angelangt ist, er hält unbeirrt an seiner Botschaft fest: „Gott ist immer da – worauf du dich verlassen kannst!"

Elmar Gruber braucht nicht viele Worte, aber mit den wenigen bringt er es auf den Punkt. Seine Sätze sind dicht und beim Nachdenken geht einem ihre Sprengkraft, die Botschaft des Evangeliums, erst richtig auf. Sein Gott der Güte und Barmherzigkeit ist nicht ein harmloser Gott. Grubers Worte können messerscharf und unbequem sein. Sie können dadurch Anstoß werden, tumbe und eingefahrene Denkschemata umzukrempeln oder vielleicht ganz abzulegen.

Es war ihm zum einen wichtig, in das vorliegende Buch die fabelhafte Geschichte vom gefährlichen Wolf aufzunehmen, der in der Begegnung mit dem Jesuskind seine Wandlung erlebt – und das in den bescheidenen Verhältnissen des nächtlichen Stalls von Bethlehem. Zum anderen ist da auch die Geschichte von Petrus, der in seinem Untergehen nicht auf das scheinbar sichere Schiff, sondern auf die rettende Hand Jesu vertraut und dabei erfährt, dass der persönliche Glaube trägt – für Elmar Gruber zwei Schlüsselelemente seiner Theologie und seines Glaubens.

Ich wünsche, dass die folgenden Texte von Elmar Gruber allen Leserinnen und Lesern zur Freude und zum Gewinn werden.

AMBERG, IM MÄRZ 2009
SIEGFRIED KRATZER

Liebe Leserin, lieber Leser,

dieses Buch soll eine Gedankensammlung zu schwierigen Lebens- und Glaubensfragen sein, die mir im Lauf meines langen, 77-jährigen Lebens gekommen sind. Meine Ausführungen über das Wunder der Barmherzigkeit sind nicht als breit angelegte theologische und dogmatische Reflexionen zu verstehen. Die vorgelegten Texte wollen einerseits zum Nachdenken über den eigenen Glauben ermuntern. Vielleicht sind sie aber auch Impulse, die uns tragende und beglückende Kraft der Allbarmherzigkeit unseres Schöpfers in unserem Leben immer wieder neu zu entdecken und zu erfahren. Die Anregungen zu diesem Buch stammen aus vielen Glaubensgesprächen, die ich als Religionslehrer und Seelsorger begleiten durfte.

Wenn Ihnen manche Gedanken hilfreich sind, freut es mich, wenn nicht, macht es auch nichts. Es gibt so viele Wege zu Gott, wie es Menschen gibt.

München, im März 2009
Elmar Gruber

Anstatt eines Vorwortes

Persönliche Erkenntnisse und Bekenntnisse

So wie ich es sehe, ist mein Leben in einer großen „Selbstzufriedenheit" angelangt. „Selbstzufriedenheit" bedeutet hier allerdings genau das Gegenteil vom üblichen Sprachgebrauch. Mein „Ich-selbst" habe ich entdeckt in einem neuen Gottesbild: im Wunder der grenzenlosen, unbedingten, ewigen Barmherzigkeit. Durch diese Entdeckung bin ich angstfrei und glücklich geworden.

Auch dieses Gottesbild muss letztlich jeder selbst in den Wirklichkeiten seines eigenen Lebens entdecken, damit es zur tragenden Kraft im Leben wird. Die Botschaft von der absoluten Barmherzigkeit enthält die Erfüllung der Sehnsucht aller Menschen. Somit ist sie auch das Kriterium der Wahrheit eines allein seligmachenden Glaubens.

Wie eine Blume ihre „Bodenständigkeit" aus vielen Wurzeln gewinnt, so hat der „wahre" Glaube viele Momente und Inhalte, die in der Blüte vereint zum Blühen kommen. Außerhalb dieses Glaubens gibt es in diesem Leben kein Heil. Letztlich ist nicht mehr entscheidend, welcher Gruppe (Religion, Konfession, Kirche …) einer angehört, sondern nur, ob einer sich der absoluten Barmherzigkeit öffnet und danach zu leben versucht – bis hin zur Feindesliebe.

Als Kind haben mich Gottes- und Glaubensfragen mit einem angsterregenden Gottesbild bis hin zur Magersucht gequält. Mein Problem war: Wenn es Gott gibt, muss man ihn doch irgendwie auch spüren können. Dieser Wunsch ist mir durch seine Barmherzigkeit überreich erfüllt worden.

An die Barmherzigkeit glauben und barmherzig werden – beides kann man nicht voneinander trennen. Das hat mich gelehrt, mir selbst und anderen gegenüber barmherzig zu werden und zu sein. Gott hat mir Menschen aus ganz verschiedenen Gruppen geschickt, die mir halfen, meinen Glauben auf- und auszubauen. In der Theologie und Anthropologie bedeuten mir Ratzinger, Küng und Drewermann sehr viel, in der Psychologie Fritz Riemann, Paul Watzlawick und K.-H. Mandel.

Vielleicht gelingt es, mit diesen Gedanken beizutragen, dass Menschen durch den Glauben an das Wunder der unbedingten, grenzenlosen Barmherzigkeit glücklich werden, so wie ich es geworden bin.

Glück

Alle Menschen wollen glücklich sein;
die Sehnsucht nach Glück vereint alle Menschen.
Freundschaften und Feindschaften
entstehen aus dem Verlangen nach Glück.
Menschen, die Böses tun, suchen das Glück,
auch wenn sie es auf Kosten anderer erreichen wollen.
Das Thema Glück ist immer aktuell für jeden Menschen
und für die Menschheit.

„Was ist Glück?"
Diese Frage kann wohl jeder nur individuell beantworten
aus den Erfahrungen heraus,
die seine Sehnsüchte und Wünsche enthalten.
„Ich bin glücklich, wenn ich …"
Trotzdem gibt es auch Erfahrungen,
die einen Dialog ermöglichen, ja herausfordern.

Wir Menschen sind unvollkommen.
Deshalb kann auch unser erreichtes Glück
nur unvollkommen sein.

Glück im Dasein

Glück ist die Freude am Dasein,
an meinem, deinem, unserem Dasein;
wenn wir miteinander und füreinander da sein dürfen.
Wir können die Freude und das Glück nicht machen.
Der Glaube mit den vielen Erfahrungen zeigt uns
Gott als den Ursprung von Freude und Glück.

„Jeder ist seines Glückes Schmied",
dieser Satz stimmt nur, wenn ich Gott „schmieden" lasse.
Ohne ihn wird alles un-glücklich.
Und wenn etwas glückt,
ist immer Gott dabei,
auch wenn mir das noch nicht aufgegangen ist.

Offenbarung Gottes

Das größte Glück besteht darin,
dass ich glauben kann und spüren darf,
dass die Barmherzigkeit Gottes
in mir und durch mich wirkt und mich selbst barmherzig macht
zu allen Geschöpfen und mir selbst gegenüber.

Auch ich muss Gott immer wieder verzeihen,
dass er Gott ist, den ich absolut nicht begreifen kann,
dem ich aber aus vielen Erfahrungen heraus
trotzdem total vertraue.
Es lohnt sich, Gott zu vertrauen,
auch wenn ich ihn nicht verstehe.

„Betrachtet die Lilien des Feldes …
Wenn nun Gott die Lilien, die morgen abgemäht sind,
so prächtig kleidet,
um wie viel mehr kümmert er sich um euch,
ihr Kleingläubigen."

Alles ist in Gott
und Gott ist in allem.
Gott ist immer da:
Er ist der große An-Wesende,
der nie abwesend ist.
Seine Anwesenheit ist der Ursprung
unserer Anwesenheit.

Sinn und Sinne

Durch die Sinne kann ich viel mehr
an Erkenntnis gewinnen
als es allein mit dem Verstand möglich wäre.
Ich brauche „emotionale Intelligenz".
„Den Sinnen hast du dann zu trauen,
kein Falsches lassen sie dich schauen,
wenn dein Verstand dich wach erhält." Goethe

Wir haben die Sinnlichkeit und die Sinne,
um uns zu freuen und glücklich zu werden.
Durch Vergötzung (grenzenloser Konsum, Sucht)
und Verdrängung (falsche Askese)
wird Sinnlichkeit sinnlos.
Der Sinn kommt durch die Sinne in den Sinn.

Angewiesenheit

Die Vorsilbe „an" bringt zum Ausdruck:
an-schauen, an-sprechen, an-hören ...

Ich bin ein „An-Wesen" Gottes,
sein Eigentum, das er nie fallen lässt,
auch wenn ich es nicht – noch nicht
oder nicht mehr spüre.

In Gott ist alles geborgen, alles geeint,
außerhalb von ihm ist nichts.
Auch wenn ich mich von Gott losmache –
er geht nicht weg,
auch wenn er nicht in Erscheinung tritt.
Er ist in allem mächtig – „allmächtig"
und in allem gegenwärtig – „allgegenwärtig".

Der Sinn unseres Daseins

Das Leben an sich hat keinen Sinn,
es ist selbst der Sinn.
Wir sind auf Erden, um glücklich zu werden
und uns zu freuen, dass es uns gibt.

Auch wenn ich die Freude und Lebensfreude
nicht machen kann,
kann und darf ich dazu beitragen.

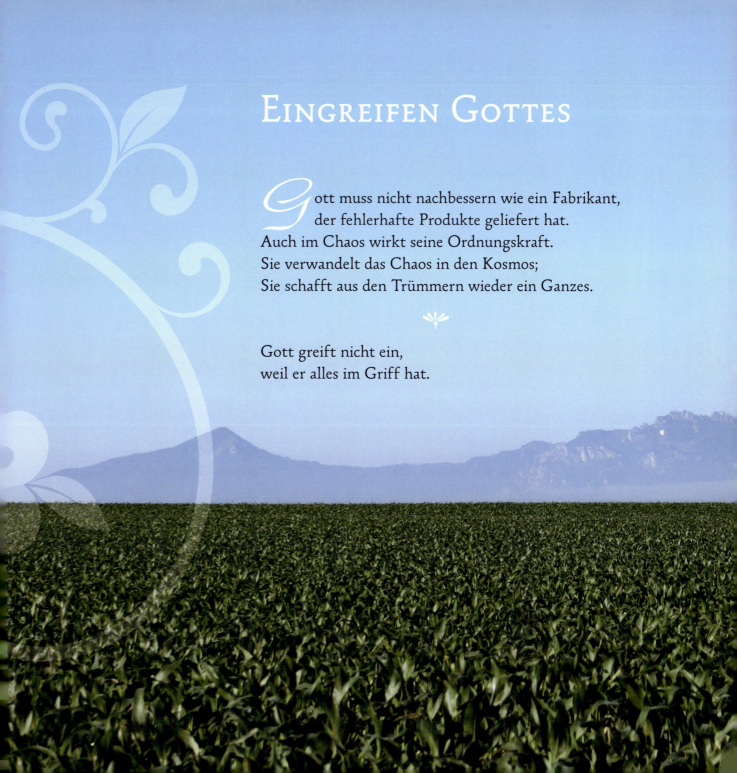

Eingreifen Gottes

Gott muss nicht nachbessern wie ein Fabrikant,
der fehlerhafte Produkte geliefert hat.
Auch im Chaos wirkt seine Ordnungskraft.
Sie verwandelt das Chaos in den Kosmos;
Sie schafft aus den Trümmern wieder ein Ganzes.

Gott greift nicht ein,
weil er alles im Griff hat.

FREUDE

Der Mensch kann sich freuen
und durch seine Freude andere erfreuen.
Er ist ein „erfreuliches" Wesen.
Ich erlebe mich am tiefsten,
wenn ich mich freue.

Auch wenn ich mich freue,
kann ich die Freude nicht machen.
Ich kann die Freude auch nicht „verordnen".
Freuen muss ich mich schon selber dürfen!

Es gibt vieles, worüber ich mich freue,
auch ohne die anderen.
Trotzdem brauche ich sie,
damit ich mich freuen kann.

Ursprung und Mitte der Freude

Wenn wir uns miteinander,
aneinander und übereinander freuen,
erleben wir mehr als wir machen können.
Wir erleben Gott, von dem alles
und zu dem alles kommt.

Der Glaubende weiß, wohin er gehen muss,
wenn ihm die Freude ausgegangen ist.

Wenn ich die Freude von Menschen suche und erwarte
überfordere ich sie und werde der Enttäuschung nicht
entgehen können.

Ursprung und Mitte der Freude und des Glücks
liegen im Inneren des Menschen.
Die Freude tritt ein
bei „verschlossener Türe".

Den gnädigen Gott finden

Wie finde ich einen Gott, der mir keine Angst macht,
und mit dem man auch keine Angst machen kann?
Wie finde ich einen „gnädigen Gott", (Luther)
einen Gott, der mich versteht,
einen Gott, der immer da ist,
der immer zu sprechen ist,
dem ich mich total, auch in meiner Schuld anvertrauen kann,
einen Gott, der mich nicht schimpft und bestraft;
der mich verteidigt und in Schutz nimmt,
auch vor mir selbst?

Wo finde ich diesen Gott? Gibt es ihn überhaupt?
Ist er vielleicht nur das Produkt und nicht
die Erfüllung meiner ungestillten Sehnsucht?

Luther hat mit dieser Frage die unerfüllte Sehnsucht
aller Menschen, der Menschheit und der ganzen Schöpfung
angesprochen und ausgesprochen.

Gott im Augenblick

Gott kommt als Freude und als Liebe –
„augenblicklich".
Aus diesen Augenblicken heraus kann
das Glaubenswissen erwachsen,
dass es diesen Gott gibt
und dass er immer da ist.

Wenn ich nur für einen Augenblick
die Sonne gesehen habe,
kann ich das Glaubenswissen erlangen für das,
was hinter den Wolken ist.

Die göttlichen Augenblicke von Liebesglück
und Freude vergehen,
der Schatten aber, den sie erzeugen, der bleibt.

Augenblicke loslassen

Ich darf die Augenblicke nicht festhalten
und zur „langen Weile" dehnen,
sonst vergehen sie
und werden bedeutungslos.

Durch das Loslassen
wird das Weilen der Augenblicke
im Gedächtnis und in der Erinnerung möglich.

Durch das Kommen und Gehen,
durch Geburt und Tod,
durch Leben und Sterben,
bleiben die Augenblicke immer „frisch" und „neu".

Das Alte kommt immer wieder,
aber immer wieder neu und anders.

Der „alte Gott" wird nie alt;
er ist immer im Kommen, im „Advent".
Er ist im Kommen,
auch wenn er bei (in) vielen Menschen
noch nicht an-gekommen ist.

Einheit von Gegensätzen

„Licht und Schatten muss es geben,
soll das Bild vollendet sein.
Wechseln müssen drum im Leben,
dunkle Nacht und Sonnenschein."

Jede Wirklichkeit ist eine Einheit von Gegensätzen.
„Alles hat seinen geheimen Feind." Goethe

Wenn es nicht gut wäre,
dass es das Böse gibt,
gäbe es das Böse nicht. Augustinus

Es gibt keine „Reinkulturen".
Die Bibel drückt das symbolisch
und in Bildern aus:
Unkraut und Weizen,
Schatz im Acker,
kostbare Perle …

Man kann und muss alles
von zwei Seiten sehen:
Wo das eine ist,
ist das andere immer auch da.

Kein Mensch, nichts
ist nur gut oder nur böse!
Es gibt keinen Schaden,
wo kein Nutzen ist.

Auch mit dem Tod verhält es sich so.
Was wäre das Leben, wenn es den Tod nicht gäbe?

Auch Gott ist nicht nur gut,
so wie wir das Wort „gut" verstehen.
Gott ist „grau" –
eine Einheit von schwarz und weiß;
eine Einheit von Gegensätzen.

Die Kraft der absoluten Liebe
vereint in sich die Gegensätze und Gegen-Teile
zur Einheit des Wirklichen.

Wer immer nur das eine sieht und gelten lässt,
zerstört letztlich sich selbst.
Ohne Liebe ist keine Einheit möglich.

Das Gegenteil von böse
ist auch wieder böse,
wenn ich es als „Spaltprodukt" vom Ganzen sehe.

Gott ist immer der Eine,
der in seiner Barmherzigkeit alle eint
und der „Ganze",
der alles Zerbrochene und Abgebrochene ergänzt –
„ganz macht".

DER VERGEBENDE GOTT

URTEILE

Wir sind gewohnt alles zu beurteilen
und einzuordnen in Gut und Böse,
in Gute und Böse.

So versuchen wir dann mit diesen
angeborenen und anerzogenen Werten und Wertvorstellungen
das Leben zu meistern.

Das Wort „Sünde" kommt von Sondern:
Wir nehmen alles auseinander
und sondieren Gut und Böse auseinander,
und belegen die so gefundenen Werte und Unwerte
mit Lohn und Strafe.

Wir brauchen ja ein System,
das uns in dieser „gottlosen" Welt
vor der Selbstvernichtung bewahrt.

Betrachten wir aber nun die Sündenfallgeschichte der Bibel,
so ist gerade das Essen vom Baum der Erkenntnis von Gut und Böse
die „Ursünde", in die wir alle hineingeboren sind,
die so genannte Erbsünde,
in der schließlich alle Sünden wurzeln („Wurzelsünden").

Es gibt eine angeborene, altruistische Geneigtheit zum Guten,
die das Barmherzigsein erleichtert.
„Edel sei der Mensch, hilfreich und gut." Goethe

Es gibt aber auch eine angeborene, „vererbte"
Geneigtheit zum Bösen.

Alle Schuld und Sünde, gleichgültig, wie sie verursacht ist,
braucht Vergebung durch die Liebe,
die durch die Sünde verletzt wurde.

„Gut" im Sinne des Schöpfers ist das Eins-, Ganz-, Gut-Beisammen-Sein.
„Böse" in diesem Sinn ist das Zerbrochen-, Geteilt- und ganz Auseinander-Sein.

Der Mensch soll nach dem Prinzip Liebe leben.
Das – moralische – System ist darin enthalten, aber bestimmend ist immer die Liebe.

VERGEBUNG

Gott straft nicht.
Seine Barmherzigkeit vergibt überall und immer.
Er ist die „Vergebung in Person".
Und gerade das ärgert uns,
obwohl wir uns danach sehnen:
Barmherzigkeit für uns und die anderen bösen Menschen!?
Aber wenn am Ende alle im Himmel sind,
auch meine Todfeinde,
wofür plage ich mich dann?
Feindesliebe? Nein, danke!

In der Bergpredigt sagt Jesus:
„Vergeltet nicht Böses mit Bösem!
Tut Gutes allen!
Betet für die, die euch verfolgen!
Liebet eure Feinde!"

Mein Beitrag

Aus eigener Kraft kann ich das alles nicht.
Gott erwartet das auch nicht;
aber er erwartet, dass ich ihn
mit seiner Barmherzigkeit einlasse
und ihn durch mich und in mir wirken lasse.
Dabei erfahre ich Gnade
und werde selbst gnädig – barmherzig.
Und darauf kommt es an.

Wer noch nicht barmherzig geworden ist,
kann nicht in den Himmel kommen.

Ich kann mir nicht vorstellen,
dass ein Mensch, der vielleicht erst im Tod
Gott als der Erfüllung seiner Sehnsucht begegnet,
diesen Gott von sich weist.

Ich kann mir aber auch nicht vorstellen,
dass Gott einen Menschen
von sich weist,
der ihm erst in seinem Tod nahe kommt.

Darauf gründet unsere Hoffnung,
dass alle gerettet sind und in den Himmel kommen.
„Vergebt, dann wird euch vergeben!
Seid vollkommen, wie euer himmlischer Vater!"

Keine Strafe – keine Vergeltung

Gott straft nicht.
Er will, dass alle Menschen selig werden.

„Selig" sein heißt: im „Saal" sein, im Himmel sein – eins sein,
in Gemeinschaft sein mit allem – mit allen Geschöpfen,
mit Gott und mit mir selbst.

Wir Menschen sind für mehr geschaffen
als nur für einen vergänglichen Konsum.
„Lust will tiefe, tiefe Ewigkeit." Nietzsche

Wir spüren unser Verlangen nach mehr
und wir wollen auch immer noch mehr.
Wir brauchen ein Mehr *als* Konsum
und nicht ein selbst geschaffenes Mehr *an* Konsum,
das uns immer mehr zerstört.

Wir brauchen die barmherzige Liebe
für uns und alle Geschöpfe.
Wenn alle Menschen barmherzig geworden sind,
ist das Reich Gottes vollendet.

Da braucht es keine Strafe mehr,
keine Sühne und keine Vergeltung,
denn niemand tut mehr etwas Böses.

Barmherzigkeit kann man nicht erzwingen,
weder bei sich selbst,
noch bei anderen.
Darum straft auch Gott nicht;
er wirkt gewaltlos auf uns ein
durch Be-geisterung.

Die Begeisterung ist unwiderstehlich,
aber nicht unausweichlich.
Es ist wie bei der Liebe:
Die Liebe zwingt nicht.
Im Gegenteil: Die Liebe bringt die Freiheit zur Entfaltung.

Lamm Gottes

Das Gotteslamm
nimmt die Sünde der Welt auf sich und trägt sie fort.
Die Herrschaft der Gewalt wird besiegt,
nicht durch Gewalt, sondern durch die barmherzige Liebe.
Die „Sünde der Welt" ist die Vergötzung der Welt.
Das Paradies wird zur Hölle
durch die Ichzentrierung des Menschen.
Gott hat die Welt als Paradies der Liebe geschaffen,
der Mensch hat sie zum Kriegsschauplatz des Hasses gemacht.

Gott hat durch Jesus die Liebe wieder eingeführt,
die letztlich die Gewalt gewaltlos
besiegen und verwandeln wird.
Die Macht der Liebe wird offenbar und wirksam
im Ertragen des Unerträglichen.
Ertragen ist nicht feige Flucht vor der Gewalt,
sondern genau das Gegenteil:
Friede, Liebe, Glück und Freude
sind der Ertrag des Ertragens.

Die Barmherzigkeit Gottes,
die in Jesus verkörpert ist,
entmachtet die Gewalt des Hasses und der Vergeltung,
die Macht der Sünde.

Gott gibt nicht auf
bis wir zur Macht der Liebe
durch die Liebe und das Geliebtsein gelangt sind.

Dahingesagt – dahin gesagt

Gott braucht deine Barmherzigkeit,
damit seine Barmherzigkeit
zur Wirkung kommt.

Jeder muss aus eigener Kraft
mit Gottes Hilfe
barmherzig werden.

Barmherzigkeit
beginnt mit dem Zu-geben
der eigenen Unbarmherzigkeit.

Vergeben – statt vergelten,
verstehen – statt verdammen,
begeistern – statt verordnen.

Schuld zugeben und Schuld annehmen
sind die Grundsubstanz der Vergebung.

Seine Unschuld vor Gott beweisen zu wollen
ist der schlimmste Selbstbetrug.

Gott ist das Herz aller Barmherzigkeit.

Das Herz ist die Mitte. –
Beseitige alles,
was nicht in die Mitte gehört!

Nur ein freies Herz
kann herzlich sein.

Ver-mitteln heißt:
die Verbindung zur Mitte herstellen.

„Sprich nur ein Wort",
damit wir wieder ins Gespräch kommen
und sich die Zungen lösen.

Der erfahrbare Gott

WUNDER

Leider haben die meisten Menschen immer noch
einen falschen Wunderbegriff.
Wunder ist nicht, dass einer aus Wasser Wein macht!
Das ist eine unerklärbare Sensation.

Ein Wunder geschieht dann und dort,
wenn einem Menschen oder einer Menschengruppe aufgeht,
dass Gott wirkt und gewirkt hat.

Wunder kann man nicht beweisen,
weil sie nicht verobjektivierbar sind.
Sie leuchten selber ein, wenn ich begeistert und begeisternd,
nachspürbar und nachfühlbar von Gott erzähle.
Ich selbst bin dann ein „Gottesbeweis" für die anderen.
Er, den ich bezeuge, spricht selbst in meinem Zeugnis.

Das größte Wunder geschieht wohl dort,
wo Hass in Liebe, Vergeltung in Vergebung
und Gnadenlosigkeit in Erbarmen verwandelt wird.

NÄHE GOTTES

Gott wollte uns nahe sein.
Er ist Mensch geworden.
Jesus ist der Mensch, in dem die Fülle der Gottheit wohnt.
Er ist Mensch geworden,
damit wir uns ein Bild machen können von ihm.
Er ist Mensch geworden,
damit wir ihn mit allen Sinnen erleben und erfahren können
durch die Symbolhaftigkeit aller sinnenhaften Wirklichkeiten
(Sakramente).
Er ist Mensch geworden,
damit wir ihn erleben in unserer menschlichen Nähe.
Mahl und Nähe – Essen und Berührung
sind die irdischen Hauptstellen
für die Begegnung mit Gott.

Gottesliebe und Menschenliebe sind eine Einheit.
Das Geliebtsein spüren wir besonders durch unsere Geschenke.
Eine Rose, die ich einem geliebten Menschen schenke,
ist mehr als nur eine Pflanze.

Schenken und Beschenktsein
sind nicht von einander zu trennen.
„Die Freude, die wir geben,
kehrt ins eigene Herz zurück."

Schenken können – beschenkbar sein –
sich schenken können,
ist das größte Geschenk.
Schenken ist Gnade.

Jedes menschliche Geschenk
ist Gnade, Geschenk Gottes,
durch das wir das unverlierbare Geliebtsein spüren,
das uns vor aller Einsamkeit bewahrt;
auch wenn wir keine Menschen mehr hätten,
die uns kennen und die wir kennen.

Gott, du kennst mich ganz.
Alle Geschöpfe, mein ganzes Leben – alles
ist Geschenk von dir,
damit ich immer deine Liebe spüre
und aus ihr dankbar leben kann.

Was machen wir oft mit seinen Geschenken?
Wir verarbeiten sie zu sinnlosen Konsumartikeln,
die die Freude zerstören.

Gott ist es, „der mich erfreut von Jugend an".
Ihn will ich preisen mit allen Geschöpfen mein Leben lang.
Die Lebensfreude aus der Natur
bedarf einer gewaltigen Erneuerung und Verstärkung,
wenn unser Leben lebendig bleiben soll.
Der ewige Richter wird einmal fragen:
Hat dich das Leben und alles,
was ich dir geschenkt habe, gefreut?
Du hättest dich freuen sollen!

VERANTWORTUNG

Im Gleichnis von den Talenten lesen wir:
Ein Mann geht auf Reisen und vertraut sein Vermögen
den Dienern an – jedem nach seiner Begabung.
Dann reist er ab – ohne weitere Aufträge zu geben.
Die Diener sollen mit dem Vermögen ihres Herrn machen,
was sie für richtig und notwendig halten.
Und so arbeiten sie selbstständig mit dem ganzen Risiko
und erwirtschaften hundertprozentigen Gewinn.

Das Vermögen, das uns Gott anvertraut hat,
ist sein Erbarmen, seine Liebe.
Seine Liebe soll durch unsere Arbeit,
durch unseren persönlichen Einsatz, mehr werden.

Meine Fähigkeiten und Eigenschaften sind gefragt:
Sie verleihen dem Evangelium
seine Einmaligkeit und Lebensnähe.
Das verlangt von mir auch eine große Risikobereitschaft.

In wichtigen Lebensfragen muss ich manchmal
ganz alleine entscheiden und die Verantwortung tragen.

Das Evangelium lebt
von der persönlichen Verantwortung des Einzelnen.
Wer aus Verantwortung leben will,
nimmt auch viel in Kauf.
Verkannt werden –
verurteilt, beschimpft, verfolgt, gehasst werden.

Der faule und bequeme Diener riskiert nichts.
Er versteckt die Liebe, die auch er erhalten hat.
Wer nichts tut, kann auch nichts falsch machen!
Er braucht für niemand „den Kopf hinzuhalten".

Die Liebe ist das Kapital, das Gott dem Menschen gibt,
zum selbstständigen Umgang, zur Vermehrung.
Wenn die Liebe nicht gepflegt wird, geht sie unter.
Egoismus, Rücksichtslosigkeit und Unbarmherzigkeit
werden zum Grab der Liebe.
Die Hoffnungslosigkeit des Grabes
verlangt nach einer Auferstehung –
nach einem ganz neuen Leben.

Gott ist nahe

LIEBE UND LEID

Das Hauptproblem der Liebe ist das Problem des Leids.
Wie kann es einen liebenden Gott geben,
der eine Welt geschaffen hat,
die zum Kriegsschauplatz werden kann –
und einen Menschen, der durch den Missbrauch der Freiheit
zum größten Ungeheuer werden kann?

Freiheit ist die Voraussetzung zur Liebe,
sie ermöglicht aber auch das Verbrechen.
Letztlich ist doch Gott an allem schuld!?
Diese Frage wird für den Verstand
nie eine plausible Antwort bekommen.
Aber es gibt den Hinweis,
dass viele Menschen in schwerstem Leid und in Verfolgung
an Gott nicht irre geworden sind;
im Gegenteil: Sie sind durch das Leid und durch das Leiden
Gott näher gekommen.

Leid als Lernprozess

Wohl die meisten Menschen können
von Erkenntnissen berichten,
die sie nur durch Leid und Leiden gewonnen haben.
„Wen Gott lieb hat, den züchtigt er!"
Aber könnte mich Gott nicht auch ohne Leid
oder mit weniger Leid lieb haben? Muss das sein!?
Das sind wieder die Fragen, die nicht beantwortbar sind!

Es ist aber doch erstaunlich,
dass Menschen auch im Leid
Glück erfahren können.
Wenn im Leid die Freude keimt,
treten die Warum-Probleme in den Hintergrund.

Aus der Freude kommt auch die Kraft,
mit unlösbaren Problemen und Fragen zu leben.
Barmherzigsein, Menschen tragen und ertragen
ist mit Leid verbunden.

„Dein Wunsch, nicht mehr zu leiden,
erschafft nur neues Leid.
Du musst es ganz abtragen,
dein altes Trauerkleid…"
CHRISTIAN MORGENSTERN

„Jesus ‚musste' leiden, um so in seine Herrlichkeit einzugehen."
Jesus konnte das dem Petrus nicht erklären,
und die Emmausjünger haben es auch noch nicht kapiert.
Wenn Jesus göttliche Wunderkraft besitzt,
müsste er doch mit Gewalt das Reich Gottes durchsetzen.
So denken die Menschen,
so hat wohl auch Judas gedacht.

Jesus gibt zu, er könnte mit zwölf Legionen Engeln
das Reich Gottes erzwingen. Aber so geht es nicht.

Wer die Menschen mit Liebe und Barmherzigkeit
erreichen will,
muss auf Gewalt verzichten
und er darf vor ihnen und ihrer Bosheit nicht fliehen.

Ich kann und darf dem anderen das Leid nicht abnehmen,
wenn er durch sein Leiden die Kraft der gewaltlosen Liebe bezeugt.
Aber ich kann ihn und bei ihm aushalten.
Dabei werde ich vielleicht spüren,
dass Gott da und uns nahe ist.
„Wenn zwei oder drei in meinem Namen versammelt sind,
bin ich in ihrer Mitte."

TOD UND AUFERSTEHUNG

„Wer an mich glaubt, wird in Ewigkeit
den Tod nicht schauen."
Das Problem des Leids gipfelt im Problem des Todes.
Im Glauben an die grenzenlose Barmherzigkeit
verliert der Tod seine Tödlichkeit.
Der Tod ist der Fährmann,
der mich hinüberführt ins ewige Licht und ins ewige Leben.

Jesus nennt den Tod „Schlaf" und das Totsein „schlafen".
Er ruft die Toten beim Namen – wie bei Lazarus.

Für Gott gibt es keine Toten,
sondern nur Lebende
in verschiedener Daseinsweise!
Weil wir in der Regel nur die physische
Anwesenheit und Gegenwart
gelten lassen,
haben wir die vielen Orte und Weisen
wirklicher existentieller,
aber nicht physischer Gegenwart
aus dem Bewusstsein verloren.

Wenn ich die Heiligen anrufe
oder mit Verstorbenen spreche – für sie bete –
dann sind sie doch da und gegenwärtig!
Sie wirken wirklich in meinem Leben.

Das Wort „erinnern" deutet den Ort und
die Weise solcher Begegnungen an:
„Echte" Wirklichkeiten, die sich im Inneren ereignen.
„Man sieht nur mit dem Herzen gut …"
Antoine de Saint-Exupéry

Diese an sich schon zeitlosen Ereignisse
haben gewiss ihren Niederschlag und ihren Zusammenhang
in und mit der sinnenhaften, vergänglichen Welt,
aber ihre Qualität ist geistlich.

Auch das innere Sehen ist ein „echtes" Sehen,
das der Übung und einer lebendigen,
ständigen Neuorientierung
an der grenzenlosen Barmherzigkeit Gottes bedarf.
„Auferstehung" ist das Ereignis,
in dem den Gläubigen bewusst wird,
dass Jesus und alle unsere Toten eigentlich gar nicht tot sind,
sondern leben im ewigen Licht, im ewigen Leben.

Auferstehung ist nicht die physisch gedachte Wiederbelebung
eines Toten oder der Toten.
Auferstehung ist das Eintreten
in die vollkommene Barmherzigkeit
der unvergänglichen, ewigen Liebe.
Auferstehung ist das Einswerden mit *allen* und *allem*
in der Klarheit und Reinheit der ewigen Liebe,
die einmal allen leuchten wird.

Das ewige Licht beginnt aber
bereits hier zu strahlen,
wo ein Mensch
an die ewige Barmherzigkeit glaubt
und sich um ein ihr angemessenes Leben
schon hier auf Erden bemüht.

Identität bewahren

Auferstehung ist kein Verlust meiner Identität,
sodass ich nicht mehr ich bin!
Im Gegenteil: Das ewige Licht
vereint mich mit der ganzen Schöpfung
und mit dem Schöpfer
– geeint durch das ewige Licht.

Wer mit *allem* und mit *allen* geeint ist – wer „all-eins" ist
ist auch all-einzig,
er wird nie mehr allein sein.

Gott ist die Liebe

Beziehungen

Wir leben in Beziehungen und von Beziehungen.
„Alles wirkliche Leben ist Begegnung …
Gott ist Beziehung." Martin Buber

Beziehung ist das lebendige Verhältnis zwischen Individuen,
dem ewiges Leben – Gott – innewohnt.

Gott ist der Ursprung aller Beziehungen:
Seine Liebe, die absolute Liebe – das absolute Geliebtsein,
ist der Grund der Freude, der Daseinsfreude,
die auch im Leid wirksam werden kann.

Innen und aussen

Wenn wir nun unser Leben
und unser Dasein betrachten, entdecken wir
eine Einheit von innen und außen.
„Nichts ist innen, was nicht außen
und was drinnen ist, ist draußen." GOETHE

Die Wirklichkeiten, von denen wir unmittelbar leben,
gehören zum inneren Bereich unseres Lebens.
Glaube, Hoffnung und Liebe sind wohl der Kern dieses Lebens.
Im Innersten ist das Leben nicht fassbar,
durch die Sinne wird es sozusagen „farbig".
Seine Farbe ist die sinnliche Wahrnehmung
durch die Lebens-Zeichen,
Bilder und Symbole,
durch die das Leben Gestalt annimmt und erfahrbar wird.

Die sinnenhaften Lebenszeichen sind vergänglich.
Sie vergehen im Tod,
aber die Erfahrung des physisch nicht mehr
feststellbaren Lebens vergeht nicht.

Sie lebt weiter in der Erinnerung im „Andenken"
des raum-zeitlich Vergangenen.
C. F. Weizsäcker formuliert das so:
„Das Vergangene vergeht nicht."

Im Credo sprechen wir: Ich glaube an das ewige Leben.
Noch klarer gesagt:
Ich glaube an die Ewigkeit des Lebens,
das in ganz verschiedenen Gestalten in Erscheinung tritt.

Zeichen zeigen oft mehr
als es formulierte Sätze zum Ausdruck bringen können.
Wenn ich z.B. einem geliebten Menschen eine rote Rose schenke,
kann das eine Beziehung stiften oder verstärken,
die bestehen bleibt, auch wenn die Rose verwelkt und stirbt.

Beziehung zu Verstorbenen

Immer wieder werden Fragen gestellt wie:
Hat es einen Sinn für Verstorbene zu beten,
auf das Grab zu gehen,
Bilder aufzustellen, irgendwelche Andenken zu verehren?

Die Toten leben.
Die physischen, sinnenhaften Lebens- und Liebeszeichen
sind vergangen,
aber die existentielle Anwesenheit,
die ja auch schon die Lebenden verbindet,
ist geblieben,
vielleicht sogar noch inniger als vor dem Tod.

Die Frage,
ob wir den Toten
durch unsere Zuwendung helfen können – und sie uns –
ist schwer zu beantworten,
weil hier oft falsche Vorstellungen die Sicht trüben.

Durch unsere Zuwendung
wird bei uns und bei den Toten die Beziehung verstärkt.
Die Kräfte der Beziehung sind immer heilend und barmherzig,
sodass es einen Sinn hat,
für die Toten zu beten und ihrer liebend zu gedenken.
Manchmal wird dieses Tun
durch sinnenhafte Zeichen bestätigt.

Wir müssen uns immer wieder bewusst machen,
dass der Bereich der existentiellen Wirklichkeiten
und Wahrheiten
den Horizont unserer physisch,
irdisch orientierten Wahrnehmungsfähigkeit
weit überschreitet.

Die allgemeinen, nächstliegenden „Gotteszeichen für alle"
finden wir in der Natur.
Die Geschöpfe zeigen uns Gott –
sein Dasein, seine Liebe, seine Schönheit,
seine Allmacht und Weisheit.

Neben den vielen allgemeinen Gotteszeichen
gibt es die „offiziellen" Gotteszeichen, die Sakramente:
Wasser, Brot und Wein.

Durch die Gestaltung unserer Feiern soll das Beschenkt-Sein
durch Zeichen und Symbole besonders gefördert werden,
damit wir immer mehr erfüllt werden
von der Fülle des Lebens.
„Den Sinnen hast du dann zu trauen,
kein Falsches lassen sie dich schauen,
wenn dein Verstand dich wach erhält." GOETHE

KIRCHE

Brauchen wir eine Kirche? Ja und nein!
Es gibt eine sichtbare und eine unsichtbare Kirche.
Die sichtbare Kirche ist die sichtbare Gemeinschaft
der sichtbaren Menschen,
die ihren Glauben an Gott und an Jesus Christus
durch ihr Zeugnis verwirklichen wollen.
Auch wenn es oft nur bruchstückhaft gelingt,
bleibt dies das Ziel der Kirche.
Trotz allem ist Christus die Mitte – das „Haupt" –
der Kirche, die in uns wirkt,
wenn wir versuchen, uns in seiner Liebe zu verwirklichen.

Die unsichtbare Kirche
ist die unsichtbare Gemeinschaft aller Menschen,
die an die absolute Liebe glauben und die versuchen,
diese Liebe, einschließlich der Feindesliebe
in der Welt zu verwirklichen.

Gottvertrauen

Wenn ich die zwei biblischen Seesturmgeschichten
zusammennehme und betrachte,
entdecke ich viel, was mein Vertrauen stärkt, mich ermutigt
und meine Angst und Depression mindert.
Es ist dabei gleichgültig, ob ich die Geschichten
als legendäre oder historische Symbole verstehe;
die Botschaft bleibt in jedem Fall dieselbe.
Das Schiff ist dabei ein altes Symbol für Kirche,
gemeint als „Institution".

Petrus schreit:
„Wenn du es bist, lass mich auf dem Wasser zu dir kommen."
Jesus ruft: „Komm!"
Petrus, der Mann der Institution, verlässt das sichere Boot
und geht auf dem Wasser dem geliebten Meister entgegen.

Es gibt Situationen,
in denen ich aus dem Schiff aussteigen muss,
um sofort und direkt zu Jesus zu kommen.

Die wichtigsten Forderungen des Lebens und der Liebe
stehen meist nicht in Gesetz- und Lehrbüchern.
Ich muss sie selber suchen und finden
mit meinem liebenden Herzen.

Und nun kommt der Zweifel,
der meine überschwängliche Begeisterung
in Frage stellt: Ich sinke.

Petrus schreit – nicht nach dem Schiff,
sondern: „Herr, rette mich!" –
Und augenblicklich rettet ihn der Herr
und zieht ihn hinauf und heraus.
„Warum hast du gezweifelt,
du Kleingläubiger?"
Anders ausgedrückt:
„Ich bin doch immer da,
auch wenn du meinst, du gehst unter,
und wenn du mich
auch noch nicht spüren kannst.
Ich bin immer bei dir,
im Schiff und direkt,
hautnah im stürmischen Wasser."

Und die im Schiff rufen:
„Herr, rette uns, wir gehen unter!"
„Ihr Kleingläubigen!
Ich bin doch da, ich bin im Schiff!"

Die Rettung kommt von ihm –
mit und ohne Schiff,
mit und ohne technische und menschliche
Planung und Sicherheit.

Von wem werden die im Schiff getragen?
Vom Wasser? Vom Schiff? Von der Institution? Von Gott?

Herr, wenn ich dich nur habe,
frage ich nicht mehr.
Mag Herz und Fleisch mir schwinden,
du bist mein Gott,
mein Anteil auf ewig.

Anstatt eines Nachwortes

Die Geschichte vom Wolf, der das Jesuskind fressen wollte

nacherzählt von Elmar Gruber

Die Geschichte vom Wolf an der Krippe, der das Jesuskind fressen wollte entstammt alten außerbiblischen Erzählungen (Apokryphen). Sie wurde und wird in verschiedenen Varianten nach- und weitererzählt. Diese Legende bringt in eindrucksvoller und einfacher Weise die erlösende und hassbesiegende Kraft der bedingungslosen und angstfreien Liebe Gottes zum Ausdruck. Das göttliche Kind, Jesus, ist die Verkörperung dieser Liebe, die auch dann nicht aufhört, wenn sie „gefressen" (gekreuzigt) wird. Diese Liebe hat die Kraft, den Hass in Liebe zu verwandeln (vgl. das abgelegte „Wolfsfell" des Menschen).

In der Nähe von Betlehem lebte einmal ein Wolf. Er war gefährlich und voller List. Jeden Abend, wenn es ganz ruhig und finster geworden war, holte er sich ein Lämmlein zum Nachtessen.

Schließlich kam die Heilige Nacht. Der Wolf machte sich wie gewohnt auf zu den Schafherden. Aber – was ist das? Heute ist alles ganz anders! Ein Licht! Woher kommt dieses Licht? Und Gesang? Die Hirten singen doch nicht, schon gar nicht Sopran! Und diese Aufregung! Was ist denn da los? Der Wolf horcht und horcht. Tatsächlich – ein Kind wurde geboren. Ein neugeborenes Kind! Das ist einmal etwas anderes für einen hungrigen Wolf, der bisher immer nur Lämmer zu Fressen hatte. Der Gedanke an ein neugeborenes Kind macht ihn ganz verrückt vor Fressgier.

Jetzt muss ich aber noch wissen, wo ich das Kind finde, denkt der Wolf. Er wartet und horcht. Wieder ganz unglaublich: In einem Stall ist es zu finden! Ja, ist das möglich? Da hole ich mir das Kind, wenn alles ruhig ist. –

Das Licht und der Gesang sind vergangen. Es ist still geworden. Die Nacht ist wieder finster wie eh und je. Jetzt ist der Augenblick gekommen; jetzt hole ich mir das Kind, denkt der Wolf. Das Wasser tropft ihm schon aus dem Maul vor lauter Fresslust. Tapp, tapp, tapp, auf leisen Pfoten schleicht der Wolf zum Stall. Maria und Josef scheinen fest zu schlafen, nur das Kind gibt manchmal einen Laut von sich. Die Stalltür ist angelehnt. Der Wolf zwängt seine Pfote hinein und – es knarzt! Der Wolf erschrickt; er hält still und horcht. Niemand ist aufge-

wacht, und die Tür ist weit genug offen. Alles bleibt still. Seine Nase wittert den Duft des neugeborenen Kindes!
Jetzt, jetzt, jetzt! Der Wolf reißt seinen Rachen auf. Und jetzt!

Das Kind streckt sein Ärmchen heraus und berührt den Wolf, berührt ihn an seiner gefährlichsten Stelle. Es streichelt seine Schnauze – dort, wo er am empfindlichsten ist. Der Wolf bringt sein Maul nicht mehr zu. Wie gibt es das, denkt er? Alle haben vor mir Angst. Sie laufen davon oder wollen mich erschlagen! Jetzt aber werde ich gestreichelt – gestreichelt! Träume ich? Noch nie habe ich so etwas erlebt! Gestreichelt von einem Menschen, von einem Kind, das ich fressen wollte, von einem Kind, das keine Angst hat vor mir! Kennt es mich vielleicht noch nicht?

Es geht noch weiter: Das Kind krault den Wolf am Kopf, hinter den Ohren, wo es besonders schön ist. Der Wolf stutzt. Ihm fällt die Redensart der Menschen ein: „Ich hab dich zum Fressen gern!" Er denkt nach: Wer hat hier eigentlich wen zum Fressen gern; der, der fressen will, oder der, der sich fressen lässt …?

Plötzlich fängt sein struppiges Fell an zu reißen, an der Stelle, wo das Kind ihn streichelt. Das Fell reißt weiter, bis es durchgerissen ist. Schließlich fällt das Wolfsfell ab … und es steht da: der Mensch – vom Wolfsfell befreit.